CAHIERS

DE

L'ORDRE DE LA NOBLESSE

DU PAYS ET DUCHÉ D'ALBRET,

DANS LES SÉNÉCHAUSSÉES DE CASTELJALOUX, CASTELMORON,
NÉRAC ET TARTAS

EN 1789.

PARIS.

IMPRIMERIE DE COSSON, RUE GARANCIÈRE, N° 5.

1820.

CAHIERS

DE

L'ORDRE DE LA NOBLESSE

DU PAYS ET DUCHÉ D'ALBRET.

———

Discours prononcé par M. le baron de Batz, grand Sénéchal du pays et duché d'Albret, le jour de l'ouverture de la séance des trois Ordres de la Sénéchaussée d'Albret, siége de Tartas, le lundi 20 avril 1789.

MESSIEURS,

Le plus juste et le meilleur des rois nous rend nos droits les plus précieux. C'est par ses ordres qu'en ce moment vous jouissez du bonheur d'être rassemblés pour délibérer sur les intérêts les plus chers de la patrie, et pour former les demandes particulières que la bonté paternelle de Sa Majesté vous invite à lui présenter.

En voyant la juste reconnoissance et la vive sensibilité qu'excite en vous ce grand bienfait, et l'heureuse harmonie qui règne ici entre tous les rangs, il est permis de s'étonner qu'on ait pu manifester des sentimens différens des vôtres. O combien elles ont été douloureusement trompées les premières espérances de l'excellent prince qui veut à tout prix composer son bonheur du bonheur de ses sujets! Il a voulu de tout son pouvoir l'union, et la discorde

s'est montrée; il a appelé la liberté, la licence a paru
et le sang vient de couler dans le sein même de sa
capitale. Mais n'en doutons pas, cette erreur d'un
instant n'a été qu'un nuage passager qui s'est dissipé
dans les airs et qui ne sera point suivi d'orages. Je
dois donc me hâter de détourner vos regards de tout
ce qui les affligeroit, et de les reporter sur nos bril-
lantes espérances et sur les présages les plus heureux.

Quant à nous, Messieurs, inébranlables dans notre
fidélité, toujours inséparables de notre amour pour
le sang de l'immortel Henri IV, qui naquit près de
nos pères, nous saurons prouver au prince qui porte
sa noble couronne, que nous ne sommes indignes ni
du grand bienfait qu'il répand sur la nation, ni du
regard particulier qu'il a daigné jeter sur ce premier
patrimoine de son aïeul.

Quel beau moment, Messieurs, se prépare! quelle
précieuse circonstance à saisir et pour resserrer les
liens de concorde générale sans lesquels il ne peut
exister ni paix ni bonheur dans les sociétés humaines,
et pour opérer le soulagement si nécessaire du peuple!
En s'y portant avec ardeur, la noblesse ne fera que
suivre son inclination naturelle et le désir le plus
conforme à ses véritables intérêts, comme à ceux de
tous les ordres.

Quant aux hommes que distinguent les talens, le
vrai mérite, le savoir utile, les services rendus à l'état
et à l'humanité, ceux-là illustrent la patrie, en font
la gloire, l'honneur; que tous les rangs leur restent
ouverts; que sous le sceptre de Louis XVI la régénération des mœurs accompagne le rétablissement ou
la sage modification des lois, et que l'ordre renaisse
de notre sincère union. Telle est dans le cœur de sa
majesté l'objet de la convocation des ordres, et nuls
sacrifices ne vous coûteront pour atteindre ce but
désiré. Mais avant qu'ils soient consentis, vous de-
manderez qu'on en ait vérifié le besoin et fixé la

mesure. Ce n'est certainement pas au désordre que vous entendez rendre le trésor qu'out dissipé l'impéritie et la prodigalité de ministres trop indignes soit de la confiance du prince le plus économe qui fût jamais, soit de la nation. Mais sur un sujet aussi grave, aussi important, je ne pourrois, Messieurs, rien ajouter à vos vœux ni à vos méditations, il ne me reste qu'à me réunir à l'empressement que je vois éclater.

Après avoir porté vos regards sur l'intérêt général de la patrie, je dois les faire retomber sur ces contrées que tant de maux et de fléaux ont désolées depuis quelques années. Des secours abondans ont été versés par vous sur l'indigence, et au milieu de vous par de respectables pasteurs, dont les pauvres sont la famille. Mais l'épuisement est venu donner des limites à la bienfaisance; la culture a langui dans ce pays, qui lui doit plus qu'à la nature; des déserts ont été ajoutés à des déserts; et il est de toute vérité qu'autour de vous le malheureux cultivateur gémit écrasé sous le triple poids de la misère, du travail, et d'une trop dure exaction. En un mot, ces contrées semblent n'offrir que les débris d'une patrie : mais elle vit entière dans votre amour pour elle, pour le roi, et j'ajoute pour vos plus chers intérêts; car l'amour de soi le mieux entendu n'est autre chose que l'amour de son prince et de son pays. La France languissoit, un mot a suffi pour la ranimer; en nous rappelant aux honorables fonctions de citoyens, l'espérance a tout ravivé; en oubliant ses maux, chacun les croit anéantis, et l'allégresse publique a seule le droit de se montrer.

Messieurs, le retard de mon arrivée parmi vous a depuis quelques jours arrêté les nobles élans de votre zèle, veuillez considérer que ce retard a été forcé par l'obéissance que j'ai due aux ordres du roi et par l'accomplissement de mes fonctions dans trois

autres sénéchaussées ; mais vous ne m'avez point
accusé de tiédeur, vous avez rendu justice à des
sentimens dignes des vôtres, et j'en ai reçu un témoignage bien flatteur dans l'allégresse qui s'est manifestée à mon arrivée au milieu de vous : que dis-je,
à mon arrivée ! les bontés, l'amitié de mes compatriotes l'ont devancée (1); l'empressement dont je me
suis vu environné sera toute ma vie l'un de mes plus
doux souvenirs. Toutefois, Messieurs, ma sensibilité
ne m'égare point, et je me hâte de restituer les sentimens qui m'ont été témoignés au sentiment qui les
a fait naître, je veux dire au patriotisme ; c'est lui
que j'ai dû reconnoître au cri de la satisfaction publique. Mon dessein n'est cependant pas, Messieurs,
de me dérober à l'amitié qui m'a été témoignée, ni
à la reconnoissance qu'elle m'inspire. Nul souvenir,
je le répète, ne me sera jamais plus cher que celui
du touchant accueil dont vous m'avez honoré. Avec
quelle douceur il me rappelle que je suis né dans vos
contrées ! J'y reverrai les premiers objets sur lesquels
mes yeux se sont ouverts ; j'y retrouve de respectables parens et les premiers amis de mon enfance ;
et entre vous, Messieurs, je revois un de vos compatriotes que je ne crains point de nommer hautement homme vénérable, ardent ami de la patrie,
et le plus tendre des pères. Il m'éleva à vous chérir,
et à placer au premier rang du bonheur la satisfaction d'être utile à son pays.

Oserai-je remercier ici, Messieurs, ceux qui ont
daigné occuper un instant de moi leurs talens si
justement estimés par vous ? Le patriotisme à servir
leur prépare de plus dignes applaudissemens. Mais
n'est-ce pas encore au patriotisme qu'ils ont voulu

---

(1) Une nombreuse députation étoit allée recevoir M. le baron
de Batz aux limites de cette Sénéchaussée.

rendre hommage, en honorant à vos yeux le berceau d'un de vos enfans?

Quel beau jour pour moi, Messieurs, que celui
où d'honorables circonstances m'offrent l'occasion de
vous offrir un témoignage public du plus vif attachement et d'une éternelle reconnoissance !

***

CAHIER *du corps de la noblesse du duché d'Albret, au siége de Tartas.*

Que de grâces nous devons rendre au monarque
bienfaisant dont la tendre sollicitude, s'étendant sur
l'universalité de son empire et sur toutes les classes
de ses sujets, vient jusqu'aux extrémités du royaume
interroger ses peuples ! Il veut entendre leurs récla-
mations et leurs vœux, les recueillir pour en composer notre félicité commune, et lui-même former
son bonheur de la prospérité générale. Quels sentimens plus paternels acquirent jamais, à aucun de
nos rois la confiance, le respect et l'amour des
Français !

Après avoir satisfait au plus pressant de nos sentimens, il nous reste à parler de nos intérêts. Nous
nous y portons avec l'empressement de les rendre
indivisibles de ceux de la nation et du prince.

Et d'abord nous adoptons à l'unanimité les principes établis dans le cahier de la noblesse des trois
autres sénéchaussées de l'Albret, convoquées à Nérac.

Nous espérons, avec elles, que le mal public a été
exagéré ; que pour le réparer, il sera présenté des
moyens qui opéreront la libération de l'état sans
l'établissement de nouveaux impôts, et sans le dé-
sastreux recours aux emprunts, toujours plus onéreux que les impôts.

Mais si des moyens ordinaires n'étoient point suffisans, si la proscription des abus et des priviléges
onéreux, si des améliorations et l'économie ne pré-
sentoient point dans des calculs certains l'acquitte-
ment de la dette vérifiée, et qu'enfin un subside fût
jugé nécessaire, nous déclarons ne vouloir connoître
alors aucune exception, nous repoussons dès à présent tout titre qui nous donneroit des exemptions
pécuniaires; les sentimens généreux sont toujours
l'essence de la noblesse. Nous n'en gémissons pas
moins sur l'abandon irréfléchi, nous osons le dire,
que plusieurs corps de noblesse ont fait de leurs pré-
rogatives. Avec combien de raison, suivant nous,
l'assemblée de Nérac a demandé la vérification de
l'état actuel des ordres, relativement aux contributions. Combien, à l'examen, cette vérification justi-
fiera notre ordre, et accusera ses détracteurs ! A les
entendre, la noblesse française a tout envahi dans
l'état, tout usurpé sur la raison, la nature et les
lois ; et l'Europe est appelée à témoin de cette barbarie !

Ce seroit donc à tant de mauvaise foi ou d'igno-
rance que nous aurions la foiblesse d'offrir des sacrifices? Est-ce donc au moment où l'envie s'élève contre
nous jusqu'à la menace, que notre ordre doit céder
au cri des factieux, les uns égarés, les autres mé-
ditant peut-être de grands crimes ?

Que notre député se défende de toute précipitation;
l'œuvre de notre régénération est désespérée si elle
n'est l'heureux ouvrage de la prudence et des plus sé-
rieuses réflexions.

Qu'il nous seroit facile de démontrer que, loin de
nous soustraire à l'impôt, l'impôt au contraire nous
écrase, et avec nous le pauvre peuple et le malheureux cultivateur; que si la faveur marque et flétrit
quelques individus parmi nous, notre ordre n'en est
que plus dénué et plus opprimé; qu'enfin, les exemp-

tions iniques, les priviléges scandaleux sont accumulés hors de notre ordre. Mais rassembler ici les preuves de ces faits seroit ôter à la respectable vérité l'appareil et les hommages qu'elle a droit d'attendre des mandataires de la nation.

Là encore, en présence des ordres réunis et dans leur concours, il sera vérifié que l'exemption reposant sur les fonds nobles possédés par notre ordre, est soumise à des obligations qui sont des charges réelles; à des hommages, à des dénombremens dispendieux et à plusieurs autres devoirs féodaux, qui, joints à notre capitation, et aux vingtièmes dont ces mêmes biens sont chargés, les rendent plus onéreux pour nous que ne le seroit la taille dont ils sont exempts.

Quant à nos fonds ruraux, l'exemption d'impôts restée aux nobles est celle des quatre charrues: exemption à peu près nulle, puisque, pour en jouir, il faut les faire valoir soi-même; et ce n'est alors que le refuge du pauvre gentilhomme contre la dernière misère.

Aussi le ministre actuel des finances n'a pu se dissimuler le peu d'intérêt du fisc lui-même, à la suppression de cette exception; et en même-temps il a senti jusqu'au malheur du coup, dont l'abolition de cette exemption, toute foible qu'elle est, frapperoit néanmoins la classe indigente, mais nombreuse et respectable de notre ordre.

En effet, l'on voit dans le *résultat* adopté au conseil, que ce ministre, toujours préoccupé du projet de faire disparoître toutes les inégalités entre les ordres et dans la répartition des impôts, médite d'y sacrifier ce dernier asile de notre pauvreté. Il nous offre, il est vrai, en dédommagement, les *égards* du plus bienfaisant des rois, et sans doute la protection de ses ministres; mais le vrai gentilhomme a la fierté de ne vouloir être protégé que par la loi: cette protection est d'ailleurs la seule certaine, la seule qu'il puisse réclamer sans rougir, et sans la crainte de voir associer ses droits à l'intrigue qui les usurpe.

Mais après qu'il aura été bien reconnu que le fisc le plus âpre ne pourroit rien gagner à la suppression de nos prétendus priviléges, il restera à peser d'une part dans l'intérêt du prince, et d'autre part dans celui de la nation, l'adoption du véritable projet du ministre actuel des finances, savoir : le projet de faire disparoître toute inégalité des conditions.

C'est sous les yeux des états-généraux que ce ministre développera de tels élémens d'ordre public, aussi nouveaux dans une monarchie.

Nous disons nouveaux, quoique ce ne soit point la première fois, depuis la création de l'empire français, que ce système soit produit. Mais aux époques précédentes, si nous consultons les déplorables annáles du siècle où pour la première fois en France il fut introduit, les maximes de nos désorganisateurs favorisèrent des projets absolument républicains, la monarchie pencha vers sa ruine, le trône fut avili et la nation dégradée : toute subordination parut odieuse, et toute infériorité une humiliation. La dissension et les haines divisèrent les ordres, les armèrent, les déchirèrent, et le sang français fut répandu, témoins les Maillotins dans Paris, et la Jacquerie en Champagne.

Les mêmes principes peuvent aujourd'hui, nous dit-on, être conciliés avec les principes et les lois de cette monarchie. Préparons-nous à juger avec impartialité le plan de cette nouvelle alliance. Ne précipitons aucun jugement, et ne désespérons point de notre bonheur; croyons aux lumières si vantées du ministre qui entreprend cette immense révolution; détournons nos regards des exemples funestes, mais gardons-nous d'oublier les grandes leçons de l'expérience; enfin, osons tout espérer d'un Roi juste et bon, des hautes destinées de son auguste race, et de celles de l'empire français.

Tel est le supplément que nous croyons devoir ajouter aux maximes et aux principes développés dans le cahier auquel nous nous sommes fraternellement associés. En s'éloignant des lois et des formes monarchiques, on s'ôteroit toute base certaine et toute règle fixe : en les perdant de vue, tout deviendroit instabilité, hypothèse et système, plus de point de ralliement ; et cet égarement fâcheux prépareroit aux peuples et à nos rois une longue suite de calamités.

D'après ces sentimens, et dans le vœu de la satisfaction de notre souverain, de l'éternelle prospérité e son illustre race, de la gloire et de la stabilité de son trône, ainsi que dans le vœu de la gloire et du bonheur de la France, nous avons arrêté de présenter au Roi et à l'assemblée des états-généraux les articles qui suivent.

Notre député aux États-Généraux demandera :

ARTICLE PREMIER.

Que la liberté générale et individuelle des citoyens soit reconnue pour être la base du contrat social de cette monarchie.

ART. II.

Que les lois qui assurent le respect dû à nos propriétés soient reconnues inséparables de la liberté générale et individuelle.

ART. III.

Aucun ordre, ni aucune personne en France, n'ayant, par la constitution véritable de cette monarchie, été jamais exempts des charges de l'État, et l'impôt étant par conséquent l'une des propriétés du corps de la nation, nous demandons que l'impôt soit vérifié et qu'on y rappelle les personnes, les classes et le territoire qui y auroient été frauduleusement soustraits.

ART. IV.

Que les exemptions pécuniaires attachées soit à nos personnes, soit à nos terres et biens, soient vérifiées, et que cette vérification s'étende également sur la portion de l'impôt que nous devons supporter.

ART. V.

Que la même vérification ait lieu dans les autres ordres.

ART. VI.

Qu'il en soit de même pour les priviléges vénaux ; mais que leur suppression ne soit votée que réunie à leur remboursement.

ART. VII.

Après ces vérifications faites, que les propriétés de l'Etat sur chaque ordre et sur chaque individu, et les propriétés de chaque ordre et de chaque individu dans l'Etat, soient reconnues et constatées pour servir de règle perpétuelle à l'ordre public et à la répartition des impôts.

ART. VIII.

Que la dette nationale soit vérifiée dans son origine, dans ses progrès et sa légitimité, et qu'ensuite elle soit consolidée.

ART. IX.

Que si la proscription des abus, la suppression des priviléges et des exemptions injustes, le rappel à l'ordre et aux impôts n'étoient pas suffisans pour satisfaire aux besoins de la patrie, et s'ils exigeoient un subside, qu'alors notre député s'empresse de faire en notre nom la déclaration expresse que nous entendons en supporter une part proportionnelle à nos biens, sans distinction d'ordre et sans réserve d'aucun de nos titres ni d'aucune de nos propriétés.

ART. X.

Que jamais aucun subside ne puisse être consenti qu'après avoir été reconnu d'une absolue nécessité, fixé dans sa durée et sa quotité, et qu'il ne puisse être perçu qu'après que son application irrévocable à sa seule destination aura été valablement garantie à la nation.

ART. XI.

Nous reconnoissons que c'est au roi, de concert avec la nation, et à la nation, de concert avec le roi, qu'appartient la formation des lois. Quant à leur enregistrement, la responsabilité des ministres, le retour périodique des États-généraux, la liberté de la presse, ce qui peut intéresser la police intérieure du royaume et les parlemens, la formation et l'organisation des administrations provinciales ou états particuliers; sur tous ces divers objets notre député pourra se décider, d'après ce qui lui paroîtra le plus convenable, lorsqu'ils seront mis en délibération. Mais surtout qu'il ne perde jamais de vue que le roi est parmi nous le père des ordres, le premier des nobles et l'objet de notre amour, le commandant suprême de ses peuples; et que l'obéissance qui lui est due au nom des lois, est l'obéissance due aux lois mêmes; il est la loi vivante : qu'enfin, au respect le plus profond pour sa majesté, sont inséparablement liés l'ordre, la paix, la gloire, et par conséquent le bonheur de la nation.

ART. XII.

Nous enjoignons expressément à notre député d'opiner aux États-généraux par ordre ; opiner par tête nous paroîtroit une des innovations les plus anti-monarchiques.

Articles subsidiaires.

Comme il est de la plus cruelle mais de la plus constante vérité,

1°. Que la dégradation et la dépopulation de ce pays, la misère du cultivateur, la ruine des propriétaires dans cette contrée, sont le produit funeste du régime fiscal qui la dévore ;

2°. Que la répartition des impôts est faite par le commissaire départi, qui n'a d'autres dépositaires de sa confiance que les suppôts de la plus vicieuse administration ;

3°. Que ceux-ci, oppresseurs du peuple dans nos campagnes, n'y trouvent plus pour contradicteurs que de pauvres paysans qui n'entendent, ni ne savent, ni ne peuvent défendre leurs intérêts, et qui ensuite, ne sachant ni lire ni écrire, sont néanmoins chargés des collectes ;

4°. Que d'un aussi fâcheux système d'administration il résulte que tout est parmi nous livré à l'arbitraire le plus révoltant, à l'injustice la plus criante, et à l'oppression la plus scandaleuse ;

5°. Que si l'on calculoit ce qu'enlèvent au peuple et au Roi les tribunaux érigés pour la seule utilité du fisc, ses bureaux, ses recettes et ses caisses, la multitude de ses préposés, leurs gages, leurs attributions, leurs indemnités et leurs bénéfices, les exactions, les extorsions, les doubles et triples droits, les amendes et les confiscations, les saisies et les exécutions, enfin les ventes spoliatives qui, enlevant au pauvre et au cultivateur, forcément obéré par l'impôt, les instrumens de sa précieuse industrie, et jusqu'au germe des reproductions, lui ôtent ainsi le dernier espoir de sa libération, et même de sa subsistance;

6°. Que si l'on ajoutoit à ce calcul effrayant ce qu'arrachent à l'agriculture les exemptions d'impôts que s'attribue l'administration fiscale, cette somme seule, reversée sur notre territoire, y rendroit les tributs supportables;

7°. Enfin, voyant de près notre état, c'est-à-dire, nos maux et leurs remèdes, nous apercevons le salut de ce pays, ainsi que l'avantage du trésor public, dans l'établissement d'une administration appropriée à nous et relative à nos forces : en conséquence nous chargeons très-expressément notre député aux Etats-généraux d'y demander :

ARTICLE PREMIER.

Que notre sénéchaussée soit autorisée à se régir elle-même, de manière que la répartition et la perception de toutes les impositions, tant réelles que personnelles, soient faites sans l'intervention du commissaire départi.

ART. II.

Que dans ces assemblées, composées uniquement des propriétaires des trois ordres de cette sénéchaussée, on puisse y élire des administrateurs chargés du recouvrement de l'impôt, et autorisés à en faire le reversement direct au trésor royal, ou bien à acquitter les rescriptions et les charges locales qui nous seroient assignées.

ART. III.

Que la même administration fasse seule la levée et l'emploi des fonds destinés au soulagement des pa-

roisses ou des personnes maltraitées par les divers
fléaux.

ART. V.

Notre député demandera que les paroisses rive-
raines qui fournissent des matelots à la marine royale
soient exemptées du tirage de la milice pour le con-
tinent ; et que les matelots soient choisis parmi les
hommes qui n'ont point d'engagement pour l'agriculture.

ART. IX.

Nous demandons instamment au roi de vouloir
bien statuer qu'à l'avenir tout chevalier de Saint-
Louis soit toujours admis à délibérer avec les gentilshommes de sa sénéchaussée, quand bien même il ne
seroit point noble : ce vœu est analogue à l'esprit de
nos lois anciennes et à celui d'une loi nouvelle, par
laquelle tout chevalier de Saint-Louis fait pour sa
postérité souche de noblesse héréditaire et transmis-
sible au troisième degré : et qu'enfin les armes sont
la plus honorable profession par laquelle notre ordre
puisse être renouvelé et se perpétuer.

Fait et arrêté dans l'assemblée générale de la noblesse de la sénéchaussée d'Albret, au siége de Tartas,
ce vingt-quatre avril mil sept cent quatre-vingt-neuf.
Signés, à l'original déposé au greffe, le baron de
Batz, grand sénéchal d'Albret, et tous les gentilshommes présens.

EXTRAIT du procès-verbal de l'assemblée du corps de noblesse de l'Albret, au siége de Tartas, du 24 avril 1789.

Les premières vues de la noblesse se sont au premier moment dirigées sur des gentilshommes de ce pays, et se sont fixées sur M. le grand sénéchal et sur M. son père : ils ont été successivement nommés députés.

M. le grand sénéchal a rappelé à l'assemblée que déjà il était député par les gentilshommes des sénéchaussées de Nérac et de Casteljaloux, réunies à Nérac.

M. son père a déclaré que l'état de sa santé ne lui permettoit pas présentement d'entreprendre un long voyage ; mais que si l'assemblée l'honoroit de sa confiance comme suppléant, il accepteroit cette marque d'estime des gentilshommes ses compatriotes.

Il a été remontré ensuite à M. le sénéchal que le réglement donné par le roi relativement aux députations vouloit que celui qui auroit été député de plusieurs sénéchaussées fût tenu d'opter entre elles, que M. le grand sénéchal étoit dans le cas prévu par le réglement, qu'en conséquence l'assemblée lui demandoit à laquelle de ces deux députations il donnoit la préférence ?

M. le baron de Batz a répondu :

Messieurs, ce seroit à vous-mêmes que je déféerois le choix à faire si je n'avois pas à porter vos vues fort au-dessus de nous tous.

A qui d'entre nous seroit-il permis d'oublier qu'une grande reine, célèbre dans les fastes de la monarchie, Jeanne d'Albret, reine de Navarre, dont le sang coule dans les veines de nos princes, transmit l'Albret, antique et vaste (1) héritage de ses ancêtres, à son fils l'immortel Henri IV ? que vous avez par conséquent un droit à faire le respectueux hommage de votre députation à un rejeton de notre héros et de la reine, dernière princesse du nom d'Albret : heureux, Messieurs, si d'autres corps de noblesse ne nous ont point devancés dans l'hommage que je propose.

A ces mots, tous les cœurs, toutes les pensées se sont reportés avec enthousiasme sur l'auguste famille royale, et MONSEIGNEUR COMTE D'ARTOIS a été élu à l'unanimité.

L'assemblée a ensuite chargé M. le baron de Batz de présenter au prince cette députation, à lui offerte par l'amour et le respect, et de la faire, au besoin, maintenir dans les Etats-généraux.

L'assemblée a également chargé M. le baron de Batz de la déposer, cette députation, aux pieds de SA MAJESTE, d'en exprimer les motifs respectueux, dictés par le plus entier dévouement de tout le corps de noblesse à sa personne sacrée, dans laquelle ils révèrent toutes les vertus réunies, la plus vénérable bonté, et le sang de son glorieux aïeul Henri IV.

LETTRE écrite au Roi par M. le baron de Batz, le 13 mai 1789.

SIRE,

« Député aux états-généraux par la noblesse de » ma province, et grand sénéchal d'Albret, je viens

---

(1) Le duché d'Albret s'étend sur plus de soixante lieues de longueur, sur plus de vingt-cinq de largeur. Il a quatre sénéchaussées ; celles de Castelmoron et de Casteljaloux s'étendent des faubourgs de Périgueux à ceux de Bordeaux et fort au-delà ; la sénéchaussée de Nérac et celle de Tartas, dans laquelle est la ville d'Albret, s'étendent jusqu'à Bayonne.

» en ces deux qualités remplir auprès de votre ma-
» jesté un devoir qui m'a été imposé par les gentils-
» hommes mes mandataires. Ils ont nommé monsei-
» gneur comte d'Artois leur député aux États-géné-
» raux, et m'ont chargé de soumettre leurs motifs à
» votre majesté.

» Ils ont pensé que cet hommage étoit dû par
» la noblesse d'Albret à un rejeton de l'immortel
» Henri IV, dont l'Albret a été l'héritage par la reine
» de Navarre, Jeanne d'Albret, son illustre mère ;
» que cet hommage si pur et si respectueux sera ap-
» prouvé par votre majesté même ; que même il pour-
» roit être utile qu'un prince fils de France siégeât
» aux États-généraux.

» Hélas ! Sire, il est malheureusement su de toute
» la France, que des hommes égarés par des hommes
» à mauvais desseins, soufflent dans Paris la discorde ;
» qu'ils attaquent presqu'à découvert le trône an-
» tique de tant de Rois vos illustres aïeux : et l'on
» ne peut plus se dissimuler que la balance des des-
» tinées du royaume va se lever dans l'assemblée
» des États-généraux : que d'alarmes nous semblent
» permises en ce moment !

» Pressés entre d'aussi graves circonstances, il a
» paru à mes commettans que la députation qui
» placeroit monseigneur comte d'Artois au centre
» des États-généraux dans la chambre de la noblesse,
» auroit le caractère et les effets d'un coup d'état
» qui consolideroit la monarchie. Que la seule oppo-
» sition de l'un des trois ordres, étant légalement suf-
» fisante pour neutraliser les résolutions pernicieuses
» que l'erreur, les surprises ou les séductions pour-
» roient dicter dans les deux autres ordres, il im-
» portoit au salut public que, par une sage pré-
» voyance, votre majesté s'assurât des détermina-
» tions de l'ordre de la noblesse dans la chambre
» de ses députés. Dans ce sens, nul doute que la

» présence de monseigneur comte d'Artois ne dé-
» terminât ce succès dans cette chambre; que par
» ses yeux, Sire, vous y verriez tout; que vous y
» entendriez tout par son oreille fidèle, et que vous
» seriez présent à tout ce qui s'y agiteroit, par les
» rapports qu'à tout instant vous transmettroit un
» frère tendre et respectueux sujet de Votre Majesté,
» et ardent ami de la patrie. Que l'inexactitude, ni
» encore moins l'infidélité, n'auroient le pouvoir de
» les altérer; que la candeur et la loyauté de mon-
» seigneur comte d'Artois, si généralement con-
» nues, en seroient la garantie, si d'ailleurs ses inté-
» rêts personnels n'étoient pas indivisibles de ceux de
» Votre Majesté.

» Par ces premières dispositions, Votre Majesté
» connoîtroit les directions à tracer aux opinions
» de l'ordre de la noblesse; l'impulsion serait en-
» suite donnée comme par vous-même, Sire, par
» l'organe de son altesse royale; et les déterminations
» de la chambre se déclareroient avec cette plénitude
» de volonté, cet ascendant monarchique, et l'éner-
» gie que la présence et l'exemple d'un prince fils
» de France ajouteroient dans cette chambre aux bons
» sentimens de la vigoureuse majorité qui vient de
» s'y prononcer, et à laquelle il ne faut plus qu'un
» régulateur imposant.

» A ces hautes considérations, Votre Majesté me
» pardonnera-t-elle d'en ajouter une secondaire?
» La nomination du prince sera manifestée; et au-
» tant la noblesse françoise seroit flattée de voir un
» prince frère de Votre Majesté accepter une dépu-
» tation, autant seroit-elle affligée, Sire, de l'en voir
» écarter par des erreurs que déjà (mais à tort
» sans doute) on attribue à quelques-uns de vos mi-
» nistres. Quelles que soient à ce sujet les volontés de
» Votre Majesté, le respect et l'obéissance de notre
» ordre en sera inséparable.

» Demain, Sire, je serai à mon poste dans la cham-
» bre où l'on m'a députe. Là, j'aurai d'importans de-
» voirs à remplir ; j'ose espérer que votre majesté me
» rend la justice de ne pas douter du zèle et de
» la fidélité avec lesquels je les remplirai ; ce sera
» la nécessaire et très-certaine conséquence de mon
» dévouement sans bornes à votre personne, Sire, à
» la gloire et à la prospérité de votre règne, qui est
» celui de toutes les vertus.

» Je suis avec respect, etc.

» *Signé* le baron de BATZ. »

EXTRAIT de ce qui s'est passé à la chambre de la noblesse dans la séance du 14 mai 1789.

Après l'ouverture de la séance, monsieur le comte de Montboissier, président de la chambre, a dit :

Messieurs, vos commissaires ont vérifié les pou-voirs de monsieur le baron de Batz, député des séné-chaussées d'Albret aux siéges de Nérac et de Castel-jaloux, et les ont trouvés réguliers. Est-il proposé quelque objection ?

D'après le silence de la chambre, monsieur le président a dit : Monsieur le baron de Batz, vous êtes admis.

Lecture faite du procès-verbal de la séance de la veille, monsieur le président, interpellant monsieur de Batz, lui a dit : Vous avez la parole pour entre-tenir la chambre de la part de monsieur le comte d'Artois.

Monsieur le baron de Batz a répondu :

Je ne sais qui a pu induire en erreur monsieur le président : il a pu savoir que j'aurois à entretenir la chambre d'un fait particulier concernant monsieur le comte d'Artois ; mais c'est uniquement en vertu d'un mandat exprès de mes commettans ; et je n'ai absolument rien à dire de la part de son altesse royale.

Monsieur de Batz a réclamé l'indulgence de la chambre, se voyant obligé d'y prendre la parole au moment où il y entre, et avant d'avoir pu connoître les formes de ses délibérations ; il a dit :

Messieurs, je suis chargé, comme député et comme sénéchal d'Albret, de vous annoncer que la noblesse y a nommé député son altesse royale monseigneur comte d'Artois. (*la chambre a retenti d'applaudissemens*).

Monsieur de Batz a exhibé le procès-verbal de cette nomination, et en a donné lecture ; il porte en substance que les gentilshommes du pays qui a été le premier héritage d'Henri IV, avoient pensé qu'à ce titre ils n'étoient pas sans droits à faire hommage de leur députation à un prince de l'auguste race du grand roi l'idole de leurs pères ; et qu'à l'unanimité ils avoient élu monseigneur comte d'Artois (*nouveaux applaudissemens*).

Monsieur de Batz a repris ainsi :

Je vois, Messieurs, que je viens de faire goûter à la chambre un instant de douce jouissance, et je n'en pouvois douter. Je l'affligerai maintenant en lui apprenant que cette députation se trouve arrêtée dans son effet par l'opinion de quelques ministres qui ne pensent point qu'un fils de France, frère du roi, puisse siéger dans cette chambre.

Cette opinion, née sans doute d'un respect suprême pour le haut rang des fils de France, n'en est pas moins une erreur. Elle est même injurieuse aux aînés de cette auguste maison ; un de nos grands rois, parlant de sa race, dit ces paroles si connues : *Notre plus beau titre est celui de gentilshommes,*

Toujours nos princes ont aimé à se mêler dans les rangs de la noblesse, et toujours leur place étoit marquée dans nos assemblées politiques. C'est la longue désuétude de ces assemblées qui a amené l'oubli de leurs formes. Mais, Messieurs, cette chambre ne laissera certainement pas s'établir des opinions et des règles qui ne sauroient avoir l'aveu de l'ordre que vous représentez; et les plus puissantes considérations vous y détermineront. Elles intéressent essentiellement la liberté nationale, l'autorité et l'intégrité de vos suffrages. Où en serions-nous s'il dépendoit soit des caprices soit des erreurs des ministres, d'arrêter à leur gré l'effet des députations régulièrement faites soit dans notre ordre soit dans les autres ordres?

Par ces motifs, Messieurs, vous ne pourrez vous défendre de vouloir que la députation de monsieur le comte d'Artois ait tout son plein et entier effet.

Monsieur le vicomte de Noailles a dit:

Il faut avant tout que la chambre connoisse les intentions de monsieur le comte d'Artois; et je demande à monsieur le baron de Batz, s'il a qualité pour nous les faire connoître?

Monsieur le baron de Batz a répondu:

J'ai commencé par déclarer et je répète, que je n'ai aucune mission pour parler ici au nom de monsieur le comte d'Artois. Mais j'ai fait connoître à la chambre le mandat impératif de mes commettans qui m'enjoint de faire maintenir par tous les moyens qui seront en moi l'effet de la députation dont ils lui ont fait hommage. Si l'on insiste à me demander quelles sont les intentions du prince, je dirai que lorsque j'ai eu l'honneur de remettre dans ses mains cette députation, il a témoigné avec toute la grâce et la franchise qui le caractérisent, qu'elle lui étoit infiniment agréable, et qu'il se félicitoit d'avoir cette occasion de participer aux travaux de la chambre de la noblesse dans cette grande circonstance.

Cependant, messieurs, c'étoit à la suite du prince que je devois paroître parmi vous; j'y suis, et vous ne l'y voyez pas! et sans doute c'est assez vous en dire qu'un puissant obstacle l'arrête.

Alors et de plusieurs côtés de la chambre on a demandé à M. de Batz de se résumer, et à quoi il concluoit. Il a dit :

Je demande qu'au nom de la chambre de la noblesse une députation soit autorisée à aller supplier respectueusement le Roi de permettre qu'elle réclame l'entier effet de l'acte par lequel monsieur le comte d'Artois est nommé député.

Au même instant, et à la porte de la chambre, un individu joint à quelques autres a fait entendre ces paroles :

Messieurs, nous sommes les députés de la noblesse d'Artois, et depuis plusieurs jours nous sollicitons d'être admis. N'est-il pas surprenant qu'un des députés de l'Albret, qui s'est présenté aujourd'hui seulement, ait été sur-le-champ reçu parmi vous; tandis que depuis cinq jours nous attendons sur le seuil de cette porte notre admission sans pouvoir l'obtenir ?
(*Des applaudissemens sont entendus.*)

M. le baron de Batz a répliqué ainsi :

N'est-il pas plus surprenant encore qu'une personne qui elle-même se déclare non admise dans cette assemblée se croie permis d'y élever la voix ? et encore pour y soinder une délibération non terminée ? Dans quelle assemblée délibérante pareil désordre peut-il être toléré ?

Des applaudissemens presque universels sont entendus ; néanmoins l'orateur des députés de l'Artois (monsieur de Beaumetz) a mérité par sa réplique de semblables applaudissemens. Il s'est excusé sur ce

que ses collégues et lui s'étoient vus réduits à être
les témoins muets d'une délibération qui intéressoit
monsieur le comte d'Artois ; et dans laquelle ils
éprouvoient le vif regret de perdre cette occasion
de témoigner publiquement leur dévouement et leur
respect au prince leur suzerain.

La délibération ayant été reprise, la discussion a
porté sur ces deux propositions :

« Sera-t-il fait par la chambre une députation au
» roi pour réclamer l'effet de la députation de mon-
» seigneur le comte d'Artois ? Ou bien la chambre
» attendra-t-elle de connoître officiellement les in-
» tentions de ce prince au sujet de cette députation ? »
Cette dernière proposition a été adoptée.

***

Séance du vendredi 15 mai 1789.

L'ordre de la noblesse étant assemblé, M. le président a fait lecture de la lettre suivante, à lui adressée par
M. le comte d'Artois.

De Versailles, le 15 mai 1789.

« Je vous prie, Monsieur, de faire part à la chambre
» de la noblesse que j'ai reçu par M. le baron de Batz,
» sénéchal du duché d'Albret, l'offre de la députation de
» la noblesse de cette sénéchaussée ; elle m'est offerte de
» la manière la plus flatteuse et la plus honorable. Je
» n'oublierai jamais la sensible reconnoissance que je
» dois à cette marque d'estime et de confiance ; je vous
» prie encore, Monsieur, de bien exprimer à la cham-
» bre de la noblesse qu'un descendant d'Henri IV sera
» toujours honoré de se trouver parmi des gentils-
» hommes. Assurez-les que mon désir le plus ardent
» eût été de siéger avec eux et de partager leurs dé-
» libérations, surtout dans une circonstance aussi ho-
» norable. Mais chargez-vous en même temps de dé-

» poser dans le sein de la chambre les regrets aussi
» pénibles que sincères que j'éprouve d'être forcé-
» ment obligé, par des circonstances particulières,
» à ne pas accepter cette députation. Il m'eût été bien
» doux de mieux connoître, de mieux apprécier
» encore, s'il est possible, les sentimens qui distin-
» guent la noblesse française. Mais, Monsieur, cer-
» tifiez en mon nom à toute la chambre, que, *forcé*
» de renoncer en ce moment à l'espoir d'être un
» de ses membres, elle peut compter qu'elle trou-
» vera toujours en moi les mêmes sentimens que je n'ai
» jamais cessé de montrer, et que je conserverai éter-
» nellement. Je profite avec empressement de cette
» occasion pour vous témoigner, Monsieur, mes sen-
» timens et ma parfaite estime.

  » Votre affectionné ami,

    » *Signé* CHARLES-PHILIPPE. »

Il a été arrêté à l'unanimité que M. le président
se retirera par-devers M. le comte d'Artois, pour
assurer ce prince que la noblesse a reçu avec la plus
respectueuse sensibilité la communication de la lettre
dont il a honoré M. le président; qu'elle y a reconnu
les sentimens d'un digne descendant d'Henri IV, et
que M. le président offrira à M. le comte d'Artois
les remercîmens, les regrets et les respects de la
chambre.

Le samedi 16 mai 1789, MM. les députés de la
noblesse rassemblés à l'heure indiquée, M. le président
a ouvert la séance en disant :

Messieurs,

Conformément à votre vœu, je me suis rendu
chez monseigneur comte d'Artois pour lui témoigner
toute votre reconnoissance des regrets qu'il vous a expri-

més si franchement et d'une manière si énergique. Les membres de la noblesse qui m'ont accompagné chez lui peuvent vous dire la vive émotion qu'a éprouvée le prince lorsque j'ai eu l'honneur de lui faire part de votre arrêté. Sa réponse, qu'il m'a remise écrite de sa main, est noble, sensible et touchante, permettez-moi de vous en faire lecture.

« Monsieur, j'essaierais en vain de vous exprimer
» toute la reconnoissance que m'inspire la démarche
» honorable pour moi dont la chambre de la noblesse
» vous a chargé, et les regrets qu'elle veut bien
» éprouver. Ils augmenteroient ceux que ressent mon
» cœur, si cela étoit possible. Mais, monsieur, veuil-
» lez parler encore en mon nom à la chambre, et lui
» donner la ferme et certaine assurance que le sang
» de mon aïeul m'a été transmis dans toute sa pu-
» reté, et que tant qu'il m'en restera une goutte
» dans les veines, je saurai prouver à l'univers
» entier que je suis digne d'être né gentilhomme
» françois. »

Cette lecture finie, la chambre entière a marqué par de vifs applaudissemens la profonde reconnoissance dont elle étoit pénétrée pour les sentimens que M. le comte d'Artois avoit bien voulu lui témoigner.

A la date du 16 mai suivant, monseigneur comte d'Artois a remis à M. le baron de Batz la lettre suivante, adressée par son altesse royale à messieurs les gentilshommes de d'Albret.

« Messieurs, j'ai reçu par M. le baron de Batz
» l'offre flatteuse de votre députation. Croyez que
» mon cœur sait apprécier les motifs touchans qui
» vous ont déterminés, ainsi que l'estime et la noble
» confiance que vous m'avez témoignée. Mais des cir-
» constances particulières me forcent absolument de

» renoncer au desir d'être votre représentant aux
» états-généraux. Soyez bien sûrs que je serai plus
» ardent encore s'il est possible à employer tous les
» moyens qui sont en moi, pour être utile à une
» province et à un ordre qui veut bien se lier à moi
» par les liens les plus touchans pour mon cœur.
» Enfin, Messieurs, un petit fils d'Henri IV n'ou-
» bliera jamais ce qu'il doit au patrimoine de son
» aïeul.

 » Je suis, Messieurs, votre affectionné ami,

   » *Signé* CHARLES-PHILIPPE. »

LETTRE écrite par M. de Villedeuil ministre, du Roi, et par ordre de S. M., à M. le baron de Batz, le 17 mai 1789.

Sa Majesté m'a ordonné, Monsieur, de vous faire savoir qu'elle est très-satisfaite des sentimens que vous lui avez exprimés, tant en votre nom qu'en celui des corps de noblesse de l'Albret. Les souvenirs qui se conservent dans cet héritage d'Henri IV ne permettent pas de douter de l'inaltérable fidélité de ses habitans au sang du grand roi dont la mémoire est si chère à la France. Si des circonstances particulières s'opposent à ce que le prince que les gentilshommes du duché d'Albret ont nommé leur député accepte leur députation, Sa Majesté n'en est pas moins touchée des motifs de cet hommage.

Quant à vous, Monsieur, Sa Majesté me charge de vous dire qu'elle connoît vos sentimens personnels, et qu'elle ne doute pas de vous voir toujours où vous appelleront vos devoirs et le dévoûment à sa personne.

 J'ai l'honneur d'être très-parfaitement, etc.

   Signé DE VILLEDEUIL.

Lettre au Roi, écrite par les trois ordres réunis de l'assemblée de la Sénéchaussée d'Albret, au siége de Tartas.

Sire,

Par délibération unanime dans les trois ordres de la sénéchaussée d'Albret au siége de cette ville, nous sommes chargés d'offrir très - respectueusement à VOTRE MAJESTE leurs remerciemens de ses bienfaits, et premièrement d'avoir daigné leur accorder une députation particulière pour cette portion de l'Albret, si malheureuse, et qui a le plus pressant besoin d'intéresser et de réclamer elle-même la justice et la bienfaisance de Votre Majesté ; secondement, d'avoir bien voulu donner pour grand sénéchal à ce pays, un citoyen du zèle, du mérite personnel, et de la naissance de M. le baron DE BATZ ; il n'a cessé de nous entretenir, SIRE, de vos vertus, de la bonté paternelle de Votre Majesté pour ses peuples ; et la double députation que l'Albret, par acclamation, a réunie sur sa tête, est un hommage de plus que le premier patrimoine de Henri IV dépose avec confiance aux pieds de Votre Majesté.

Nous sommes avec le plus profond respect,

Sire,

DE VOTRE MAJESTÉ,

Les très-humbles et très-obéissans serviteurs et sujets soumis et fidèles.

A Tartas en Albret, le 25 avril 1789.

Cette lettre a été signée par deux commissaires et le président du clergé, par les députés du tiers-état, et par deux commissaires et le secrétaire de la noblesse.

LETTRE écrite le 16 mai 1789, par les Députés du troisième ordre de la Sénéchaussée d'Albret, siége de Tartas, à M. le chevalier DE CHAMBRE, commissaire de la noblesse.

MONSIEUR LE CHEVALIER,

» Conformément à notre mandat, nous avons eu l'honneur de remettre au ministre de la cour la lettre délibérée à l'unanimité dans la dernière assemblée générale des trois ordres de notre sénéchaussée, pour remercier le roi de ses bienfaits. Pour donner plus d'authenticité à notre juste reconnoissance, nous avons fait insérer cette lettre dans le Journal de Paris, le 9 de ce mois. Vous apprendrez avec plaisir qu'elle a été agréable à Sa Majesté, ainsi que vous le verrez dans celle que le ministre nous a chargés de vous adresser de sa part, comme au commissaire de la noblesse, et secrétaire de la dernière assemblée des trois ordres de notre sénéchaussée. Recevez les assurances, etc.

Signé LARREYRE, *député*;

Signé CASTAGNEDE, *député*.

RÉPONSE du Ministre, adressée de M. le chevalier DE CHAMBRE, secrétaire de l'Ordre de la noblesse à l'assemblée des trois états de la sénéchaussée de Tartas.

A Versailles, le 10 mai 1789.

J'ai remis au roi, Monsieur, le lettre que vous m'avez fait l'honneur de m'adresser pour Sa Majesté, de la part des trois ordres de la sénéchaussée d'Albret à Tartas.

Sa Majesté m'a ordonné, Monsieur, de vous charger de témoigner à l'assemblée, si elle existe encore, sinon aux membres qui l'ont composée, toute la satisfaction qu'elle a éprouvée des sentimens d'affection et de fidélité dont cette lettre lui a exprimé l'hommage.

J'ai l'honneur d'être très-parfaitement, Monsieur, votre très-humble et très-obéissant serviteur.

Signé DE VILLEDEUIL.

———

Discours prononcé par M. le baron de Batz, grand sénéchal du pays et duché d'Albret, à l'ouverture de la séance du 30 mars 1789, les trois ordres des Sénéchaussées de Nérac, Casteljaloux et Castelmoron, convoqués par les ordres du Roi, et assemblés dans l'église principale de Nérac, capitale de l'Albret.

MESSIEURS,

LES jours du patriotisme sont enfin venus, et le cri de la liberté nationale retentit de toutes parts ; les Français s'y rallient avec ardeur ; et successivement présentent à la patrie un spectacle dont elle est avide, celui de la France entière délibérant sur ses destinées ; car, Messieurs, ces momens sont ceux de bien des siècles. L'histoire en transmettra les souvenirs d'âge en âge, jusqu'à nos derniers neveux, dont la destinée est incontestablement entre les mains de la génération actuelle.

Combien ces réflexions, Messieurs, rendent importans les objets de vos délibérations ! vos vœux, vos suffrages passeront à la postérité.

Libre par sa constitution, la France mérite de

l'être par le génie, la bonté, la bravoure et la fidélité de ses peuples.

Mais cette liberté n'est point licence; cette liberté existe uniquement dans les limites qu'elle même se prescrivit, quand les premiers législateurs de la monarchie jurèrent, pour eux et pour leurs derniers neveux, l'éternité des lois constitutives.

Mais nous n'avons point de constitution, s'écrient des novateurs. Quel blasphème ! vous n'avez donc ni *liberté* ni *propriétés*.

Quoi ! cette monarchie dureroit avec éclat depuis près de quatorze siècles, et les Français n'auroient point de constitution ? L'obéissance aux rois, la subordination civile et l'hérédité des patrimoines, n'offriroient parmi nous, depuis tant de siècles, que les jeux du hasard ?

Que d'aussi étranges assertions naissent et meurent dans une ville irréfléchie et corrompue, au sein de laquelle est le gouffre des vertus civiques et des richesses de la nation! Là règnent ces capitalistes, enrichis de la substance des peuples et forts de la foiblesse d'une administration qu'ils bravent. Etrangers à la constitution qui fonda sa stabilité sur l'anéantissement de leur classe parasite, le pacte social n'offre malheureusement contre eux que des armes indirectes : que ceux-là disent, par la raison qu'ils sont sans frein, qu'ils sont aussi sans loi : mais sache la nation leur donner celles qu'ils méritent !

Pour vous, Messieurs, vous connoissez des lois positives qui garantissent à tout citoyen son honneur et sa liberté, ses biens, son rang et ses droits, sous la juste condition de supporter une part proportionnelle des charges de l'État.

Vous reconnoissez par conséquent un pacte social et des lois constitutives, et vous repoussez avec indignation des maximes qui ne tendent qu'à déshériter à la fois le souverain et la nation.

Au milieu de beaucoup d'abus qui dévorent notre prospérité, notre régénération exige-t-elle l'anéantissement des rangs? et la distinction des ordres et des races n'offre-t-elle parmi nous que les débris de la barbarie de nos pères et de l'oppression des peuples? On ne cesse de le répéter, et les fauteurs de ce nouveau dogme ont trouvé un puissant appui. C'est cependant avancer que l'honneur des noms et des races, que le souvenir des grands hommes qui nous ont illustrés et défendus, que tout l'éclat dont brille notre histoire et les objets du respect de la nation et de celui de la terre entière, ne sont au fond que des attentats contre raila son et l'humanité.

Tels sont les préceptes devant lesquels doit s'humilier l'antique honneur, s'abaisser les premiers ordres de l'État et le trône lui-même. Sous quels auspices cependant vient-on nous présenter l'innovation, et nous promettre en son nom la concorde et la paix? Une invisible main sème en tous lieux les germes de la discorde, arme les citoyens contre les citoyens, et soulève les ordres contre les ordres.

Quoi qu'il en soit, Messieurs, la liberté des Français et la libération de la France, l'honneur et la conservation de la monarchie, le soulagement du peuple, et le bonheur des citoyens dans tous les ordres, voilà les grands sujets de vos méditations et de vos délibérations : elles vont devenir pour moi une source d'espérances et d'instruction nouvelle : combien je me félicite d'en devoir être le témoin et d'en pouvoir recueillir les résultats !

Messieurs, le gouvernement a rendu justice à la nation; il n'est point entré dans les instructions données aux mandataires de l'autorité royale, de recommander le patriotisme à des Français. Eh ! qui donc parmi nous pourroit entendre avec indifférence et froideur le cri de la patrie oppressée, et l'appel réciproque de tous les vrais Français?

S'il devoit être besoin de raviver quelque part la flamme sacrée du patriotisme, à coup sûr ce ne seroit point parmi vous, Messieurs, qui vous honorez de naître et de vivre sur le sol qui fut le premier patrimoine de Henri IV ; ce ne seroit point surtout dans ces contrées où tout est empreint des souvenirs et des traces de ce généreux prince.

Messieurs, il y a deux cents ans qu'à pareil jour (très-certainement vous me pardonnerez de vous le rappeler) vos murailles sauvèrent Henri IV et le conservèrent à la France. Vôs pères l'entouroient, le pressoient au milieu d'eux ; et partageant avec lui les périls de la guerre, ils furent les témoins des heureux prodiges de sa bravoure et de son génie.

Avec quelle satisfaction ce prince adoré se retrouveroit à pareil jour parmi leurs enfans ! Combien le spectacle qui m'environne dans cet instant toucheroit son cœur et charmeroit ses yeux !

Il y verroit une noblesse généreuse, formant un assemblage constant de familles dévouées à la patrie et idolâtres de leurs rois.

On sait que dans tous les temps, et au sein même des erreurs, Henri IV marqua toujours un profond respect pour les ministres de notre sainte religion ; il honoreroit, dans cette assemblée, le vénérable corps des pasteurs qui la décore.

Il sauroit gré au noble corps de magistrature de cette ville, du zèle qu'il a montré pour la défense de vos droits, et de son ferme attachement aux lois de la monarchie.

Quels encouragemens ne donneroit-il point à la classe de vos concitoyens, dont l'utile industrie sait franchir les limites du royaume, et enrichit ces contrées par un commerce qui donne plus de valeur à vos denrées, et une grande augmentation à vos revenus !

Enfin avec vous, Messieurs, Henri IV gémiroit

amèrement sur la misère du peuple accablé sous l'impôt. Jamais le pauvre cultivateur, penché vers le sol qu'il féconde , en l'arrosant de ses sueurs , ne perdra le souvenir du vœu de Henri IV (1).

Avec quel empressement, Messieurs, chacun de vous seconderoit les vues d'un tel prince, pour la restauration de la patrie ! Mais ne seroit-ce pas méconnoître votre zèle, que de chercher à l'exciter? Vous n'êtes occupés qu'à trouver les plus utiles moyens de l'offrir au meilleur des souverains, à un roi formé du sang et du cœur de Henri IV, et qui, dès la première assemblée nationale formée par ses ordres, y prononça hautement, et y déposa le vœu formel de notre bonheur, en déclarant que, parmi ses augustes aïeux, Henri IV étoit celui qu'il prenoit pour modèle.

Messieurs, ainsi que vous, je me glorifie d'être né à l'ombre du berceau de Henri IV : et mon zèle, je l'espère, ne vous paroîtra point indigne de se mêler au vôtre. Vous en avez au moins quelques premiers garans, dans les soins empressés par lesquels j'ai eu le bonheur, en allant au-devant de vos vœux, et en réclamant vos justes droits, de préparer le bonheur dont vous jouissez par votre réunion.

Il me reste, Messieurs, à satisfaire votre juste impatience; et nous allons procéder, sans délai, à l'exécution des ordres du roi.

____

(1) La poule au pot.

CAHIER de l'ordre de la noblesse des Sénéchaussées de Nérac, de Casteljaloux et Castelmoron, pays et duché d'Albret.

Nous gentilshommes de la sénéchaussée principale de Nérac, et des sénéchaussées secondaires de Casteljaloux et Castelmoron, au duché d'Albret, convoqués par les ordres du roi pour la députation aux Etats-généraux, et réunis par le zèle le plus pur et le désir le plus ardent de concourir au bien de l'Etat ;

Convaincus que le retour des assemblées nationales va reproduire le vrai patriotisme et ouvrir à la fois toutes les sources de la prospérité publique ;

Pénétrés de sentimens dignes d'être offerts au prince à qui nous devons un aussi grand bienfait ;

Nous pensons unanimement que le premier devoir de notre député aux Etats-généraux sera de déposer aux pieds de ce généreux prince nos profonds respects, notre amour, notre admiration pour ses vertus, et notre reconnoissance.

Excités par les mêmes sentimens, et vivement touchés des sollicitudes de notre souverain et des malheurs de la patrie, plusieurs corps de noblesse de cette province se sont empressés d'imiter le premier des nobles de ce royaume, le monarque qui nous donne l'exemple du dévouement et des sacrifices. Sans balancer un instant, ils ont voté la suppression de tous les priviléges pécuniaires attachés tant à leurs terres et biens, qu'à leurs personnes.

Nous reconnoissons dans ces dispositions le véritable esprit de la noblesse française ; toujours elle fit consister son honneur et sa gloire à sacrifier avec empressement son sang et sa fortune.

Mais une longue suite de siècles et de sacrifices a épuisé notre ordre et ses ressources. Quelques-uns

de ses membres jouissent encore d'héritages considé-
rables, mais ceux-là sont peu nombreux ; les richesses
des nobles et celles de la nation ont passé aux mains
des heureux d'un autre ordre.

Si dans les premiers rangs de la noblesse on aper-
çoit quelques exceptions injustes, cet avantage pré-
caire est-il une propriété, ou bien obtient-il notre
aveu : non, sans doute ; au contraire, nous y voyons
la partialité et la foiblesse d'un régime contre lequel
nous devons réclamer, et un vice dont nous nous
empressons de demander la proscription.

Nul abus semblable ne frappe ici nos regards, et
personne dans aucun ordre ne sauroit élever contre
nous le reproche de nous soustraire à l'impôt. Il y
est cependant accablant et pour nous et pour le malheureux cultivateur, dont les intérêts sont inséparables des nôtres.

Que si nos regards franchissent les limites de ce
pays, les diverses provinces du royaume nous offrent
partout dans la noblesse pauvreté plus que richesse ;
méconnue dans son institution politique et dans son
existence réelle, elle est en proie à l'erreur qui tend
à bouleverser la monarchie. Mieux connu, loin d'exciter l'envie, notre ordre la désarmeroit. Il est ca-
lomnié, presque anéanti, sans forme, sans ordon-
nance et sans organes, réduit enfin en pire état que s'il
eût été subjugué par des conquérans.

Les gentilshommes français sont cependant les re-
présentans de l'ordre dans les rangs duquel Charlemagne plaçoit ses propres enfans, au moment
même où il leur distribuoit des couronnes (1) ;

De l'ordre dont Philippe-Auguste appeloit les
membres ceux *de la royauté* et *les soutiens de sa
couronne* : il la déposa au milieu d'eux, l'offrant *au*

---

(1) Ce fut dans les rangs de la noblesse que Charlemagne
voulut couronner Louis, son fils, roi d'Aquitaine.

plus digne, dans cette circonstance éclatante qui marque l'un des beaux jours de cette monarchie (1).

C'est avec l'épée de ma brave et généreuse noblesse que j'ai repris ma couronne, disoit Henri IV aux notables assemblés. *Le trône des rois de France*, disoit-il encore, *est dans le cœur de tout vrai gentilhomme* (2).

Et Louis XIV, en 1666, déclaroit dans son conseil que *dans le corps de la noblesse résidoit le plus ferme appui de sa couronne* (3).

Ne serions-nous pas indignes de ces honorables aveux et de ces titres illustres, si, par un oubli funeste, si, par une précipitation aveugle et des suffrages irréfléchis, nous concourions nous-mêmes à propager des erreurs qui réduiroient bientôt notre ordre à la dernière impossibilité de remplir les vœux de son institution ?

Ce n'est donc point par un vil intérêt personnel, mais ce sera à raison du dévouement de notre ordre au maintien de la couronne et de la monarchie, que vous croirez devoir vous refuser à tout sacrifice avant d'en avoir constaté le besoin et l'utilité. Regardant tout ce que nous sommes et tout ce que nous avons comme étant dévoué à la patrie, nous devons ne pas sacrifier avec légèreté ce patrimoine qui lui reste. Cette cause n'est pas la cause de chacun de nous, c'est celle de l'ordre entier ; ce n'est pas celle de l'ordre seulement, c'est celle du souverain et la nation elle-même : pouvons-nous trahir d'aussi grands intérêts?

Mais, pour allier les vœux de nos cœurs, aux réserves dont l'honneur, les lois et la patrie nous font un devoir sacré, nous devons déclarer que loin de nous

---

(1) Tout le monde sait la harangue de ce prince au moment de la bataille de Bouvines.

(2) Ces belles paroles nous restent encore écrites de la propre main de Henri IV.

(3) Edit sur les mariages.

est le projet de nous refuser à aucun sacrifice de
notre fortune, et même de nos propriétés ; nous demandons seulement qu'auparavant on en ait constaté le besoin et l'utilité.

Nous demandons que, dans une vérification générale des droits légitimes de tous les ordres, les
nôtres soient les premiers et les plus rigoureusement
vérifiés.

Après les mêmes vérifications dans les autres ordres de la nation, nous demandons que les abus, re-
connus pour tels, et les exemptions injustes, soient
anéantis.

Si les malheurs de la patrie étoient tels (ce que
nous nous refusons à croire) que, malgré cette ré-
forme heureuse et salutaire, il fallût des sacrifices,
c'est alors que l'ordre de la noblesse ne devra plus
écouter que son empressement à se dévouer aux besoins de l'Etat.

Ainsi donc, jusqu'à ce que ces besoins soient con-
statés, nous devons demander, avec fermeté, le maintien de nos droits ; un abandon irréfféchi trahiroit les
intérêts de la patrie, et nos sacrifices seroient calom-
niés. L'aveugle opinion, toujours incertaine et toujours vacillante, n'est fidèle qu'à sa marche ; elle
flétrit et déchire tout ce qu'elle arrache.

Au surplus, personne d'entre nous ne peut méconnoître la source de l'inquiétude publique. On a tout
exagéré ; un déficit, que l'on dit énorme, épouvante
la nation entière, et chacun en redoute le poids :
mais si la peine devoit retomber sur les auteurs du
mal, seroit-ce au pauvre peuple et à l'ordre des
nobles qu'il faudroit redemander le trésor de la patrie, et ces richesses dont la dispersion funeste cause
aujourd'hui les alarmes des peuples, et le tourment
de notre souverain ? Ne sont-ce pas au contraire les
dépouilles de la noblesse, de l'agriculture, qui, par
les erreurs de l'administration, ont été partagées à

des usuriers, à des étrangers, et à des milliers d'agens obscurs d'une industrie perfide : leur prodigieuse et subite fortune est un phénomène inexplicable pour la plupart d'entre nous ; ces grands mystères seront sans doute dévoilés.

Mais le mal est-il aussi grand qu'on l'a répandu, et comment s'est-il formé? C'est ce qu'il importe de vérifier, pour en préserver l'avenir.

Appelé par le cri général, et digne sans doute d'être à la fois le dépositaire de la confiance du souverain et de celle de la nation, le ministre actuel des finances ne se sera-t-il pas exagéré à lui-même, comme on ne cesse de le faire aux yeux de l'Europe, l'étendue des maux qu'il s'agit de réparer ?

En effet, l'embarras actuel des finances ne provient essentiellement que de l'engorgement formé par les échéances trop rapides des emprunts résultans du système qu'il a fait prévaloir. Ces échéances sont celles de l'emprunt de cent millions, fait en décembre 1782; les loteries d'avril et d'octobre 1785 ; l'emprunt de cent vingt-cinq millions, de décembre 1784 ; celui de quatre vingts millions, en décembre 1785; et par-dessus tout, ces emprunts, connus sous le nom d'*anticipations*, qui, toujours clandestins et toujours arbitraires, ouvrent un champ libre et vaste à l'extension et aux abus, et grèvent aujourd'hui l'état d'une exigibilité effrayante.

Mais ne sera-t-il pas suffisant, en consolidant la dette nationale, ainsi que l'exige l'honneur du prince et celui de la France, de saisir des moyens intermédiaires qui, sans avoir les inconvéniens des emprunts, et sans manquer à la foi des engagemens, produiroient néanmoins l'extinction de la dette échue, et, pour l'avenir, une meilleure disposition dans les rembours-semens dont l'Etat resteroit encore grevé ?

Cette double tâche est digne du ministre actuel des finances. Occupé jusqu'ici de méditations profondes sur le salut de la chose publique, c'est dans le sein des Etats-généraux qu'il développera les ressources et les plans de restauration que sa sagesse prépare dans le silence.

Nous devons attendre de ce ministre qu'il justifie et ses promesses et nos espérances; si, par impossible, elles n'étoient point entièrement remplies, osons penser qu'il s'élèveroit dans l'assemblée des Etats un François digne de sauver son pays, et de conserver à la patrie la gloire d'avoir trouvé son salut dans le sein de ses propres enfans.

Osons croire enfin que l'ordre va renaître du désordre même, et que la nation doit se consoler en songeant que le malheur dont elle gémit aura préparé sa régénération, et va devenir la source de sa prospérité future.

Nota. Les articles qui suivent sont donnés par extraits, parce qu'ils se retrouvent dans le cahier de la noblesse d'Albret, siége de Tartas, déjà rapporté.

ARTICLE PREMIER.

Notre député votera par ordre et non par tête. Toute loi devra réunir l'unanimité des trois ordres.

ART. II.

La nation seule a le droit d'accorder ou de refuser des subsides et d'approuver des emprunts, si les malheurs de l'État forçoient à recourir à ces ressources funestes.

ART. IV.

Le vœu général de l'assemblée est pour la suppression totale des lettres de cachet, cependant elle croit devoir s'en référer à la sagesse des Etats-généraux,

Art. V.

L'abolition du droit de *Committimus*, etc.

Art. VI.

Le retour périodique des Etats-généraux aux termes les plus prochains : le ministre des finances sera tenu d'y rendre compte de l'emploi des deniers publics.

Art. VIII.

Les parlemens devront être désormais uniquement constitués pour l'exécution de l'ordre judiciaire, et chargés de veiller au maintien de la constitution.

Art. XII.

Tout imprimeur devra apposer son nom à tous les ouvrages qu'il imprimera, et répondra personnellement, lui ou l'auteur, de tout ce que ces écrits contiendroient de contraire à l'ordre public.

Articles secondaires.

Art. I.

Les Etats-généraux devront déterminer, de concert avec le roi, le régime le plus convenable pour la répartition et la perception des impôts, et les moyens d'étendre de justes contributions sur les capitalistes et les créanciers de l'Etat.

II.

L'établissement d'une constitution durable pour le corps militaire et pour la réprobation d'une discipline avilissante, faite pour des esclaves et non pour des Français.

III.

Que personne ne puisse être dépouillé d'un grade militaire, que par le jugement d'un conseil de guerre.

V.

On réclame la protection spéciale de Sa Majesté pour la perfection de l'éducation publique, et l'admission aux écoles militaires, en faveur des enfans de tous les chevaliers de Saint-Louis.

VI.

Qu'il soit dressé un tarif intelligible et simple pour le contrôle et l'insinuation des actes.

Fait et arrêté ce 5 avril 1789, dans l'assemblée de la noblesse des trois sénéchaussées de Nérac, Casteljaloux et Castelmoron, tenue audit Nérac.

Députés de la noblesse.

SON ALTESSE ROYALE MONSEIGNEUR COMTE D'ARTOIS.

M. le baron de BATZ, grand sénéchal d'Albret.

M. le chevalier de CHALON.

Suppléans.

M. de BATZ, baron de Sainte-Croix, seigneur d'Armanthieu.

M. le marquis de LASCASES.

Noms des familles nobles et des Gentilshommes de l'Albret qui ont députd aux Etats-généraux.

Aubagnan-Carcen(d'), représenté par M. de Maurian; Artiguenave (d'), baron de Vielle; Andiran (le chevalier d')

Batz (baron de), grand sénéchal d'Albret; Batz (de) baron de Sainte-Croix, seigneur d'Armanthieu; Batz (de), vicomte d'Aurice; Bellier (de), baron de Villefranche; Bessabat (de), seigneur du Bos; Bessabat (le comte de); Borda (de), seigneur de Josse; Bedorede (de); Béthune (le duc de Béthune-Sulli); Bouillon (le duc de), représenté par M. le baron de Batz: Bruyères (le comte de Bruyères-Chalabre, représenté *idem*); Brocas (de); Brocas fils (de); Beraud (de); Beraud (le chevalier de); Boisse (de) seigneur du Bois; Brissac (de); Bernet (du) de Mazeres; Bernet fils (du); Banne (de) Saubade.; Barthouil de Taillac.

Cabanes (de); baron de Cluna; Chalon (comte de); Chalon (chevalier de); Calvimont (marquis de); Capdeville (seigneur d'Argelouse); Capbreton (de), baron de Capbreton; Chambre (de), baron Durgons; Chambre (de), Alexandre; Chambre (de), le chevalier; Chambre (de), autre chevalier; Chalais (le prince de); Caumarque (marquis de); Canterac, seigneur d'Ornezan; Crussel (de); Crussel (le chevalier de); Canterac, baron d'Andiran; Canterac (le chevalier de); Capot; Caupeune (de) Dorian; Cambon (de).

Dantin, baron d'Ars; Dantin (le chevalier); Dantin, seigneur de Hon; Depati, seigneur de Tauyan; Darbo, seigneur du Castera; Darbo, de Cazauban; Ducamp-Mellan, baron d'Arrosse; Ducamp, seigneur d'Orgas; Ducamp; Ducournau; Dubrocas, Destrac, seigneur de Loustaunau; Duprat; Duprat de Mesailles; Ducasse de Marchez; Dupré aîné; Dupré.

Estrat (d'), seigneur Dangagnac; Espagnet (d').

Foiras (de); Faulon, seigneur du Broustel; Faulon du Bocq; Falbert (de).

Gourgue (de), vicomte de Lanquais; Gombaud (de), seigneur de Rolli; Gonderville (de); Galard-Béarn (le comte de), baron de La Mothe-Landeron; Gramont (le duc de); Guerre, seigneur de l'Esparre; Grammont (le chevalier de) officier du génie; Gripière de Montcroc; Gasq (de) seigneur de la Roche; Gripière (de); Grammont de Villemonteix.

Lalande (le comte Islet de); Lalande Lassale; La Combe Puygueyrand; Latour de Gabournelle; L'Etang (de) seigneur de la Forêt; Le Doulx (de); Luppé (le comte de); Lasserre, seigneur de Hontans; La Vie (le président de); Lyon (le marquis du), seigneur de Labatut; Laborde Lassalle; Lascases (le marq. de); Labescau (le chevalier de); Lafitte, seigneur du Perrier; Lafitte (de) seigneur de Francescas; Lafitte Clavé, lieutenant-colonel; Lafitte (le chevalier de); Lagrange-Monrepos; Lastous (de); Laval (de); Lasalle.

Mesplez (le baron de); Malartic (de); Maurian (de); Mallet-Roquefort (le marquis de); Mallet (le baron de); Marsillac (de); Maupas (de); Marsillac (de); Maurian (de); Martiac (de); Moutier (du); Merignac, seigneur de Mallet; Monbadon (le baron de); Monbreton (de); Mérignac (le chevalier de); Mothes (de) conseiller au parlement de Bordeaux; Morin, seigneur de Rimbez; Marchain (du); Mathison (le chevalier de); Montcroc (de) Laval; Mazelieres (le vicomte de); Montesquieu (de); Montaud (le comte de).

Nouaille (la), seigneur de Labatut; Navailles (de).

Puech de Montbreton; Piis (le chevalier de), seigneur de la Motte; Puech (de); Puech-d'Estrat;

Poutons (le marquis de); Poudens (le comte de); Pricé (de); Pachan (de).

Rol, de Montpellier; Roux (le); Roques (le chevalier de); Rolland de Lastours ; Roland (le chevalier de); Raffin de Saint-Giron.

Saint Robert (le chevalier de); Saint-Robert, seigneur de Tauzia ; Saint-André (de); Saint-Martin (de); Saint Paul (le chevalier de); Saint-Aubin ; Sallegourde, seigneur de Riom ; Saignes (de), seigneur de Salles et de Laubardemont ; Segur (le comte de), seigneur de Paillas ; Sainte-Gemmes de Lagrange ; St.-Simon (le baron de).

Taillefer (de), seigneur de Mauriac.

Verthamon (le président de); Vessière (de la), seigneur de Verdusan ; Vandufel (de), seigneur de Marast ; Vios-Lasserre (de); Vidart Soys (de); Vidart, seigneur de Brutailles ; Vallier (le baron de); Vallier (de), seigneur du Bourg ; Vaquier (le marquis de); Vaquier (le chevalier de